团 体 标 准

公路路面彩色聚氨酯及改性环氧树脂表面处治技术指南

Technical Guideline of Surface Treatment by Color Polyurethane and Modified Epoxy Resin Mixtures for Highway Pavement

T/CHTS 10006—2018

主编单位:江苏中路工程技术研究院有限公司
发布单位:中国公路学会
实施日期:2018 年 10 月 09 日

图书在版编目(CIP)数据

公路路面彩色聚氨酯及改性环氧树脂表面处治技术指南：T/CHTS 10006—2018 / 江苏中路工程技术研究院有限公司主编. — 北京：人民交通出版社股份有限公司，2018.10

ISBN 978-7-114-15076-0

Ⅰ. ①公… Ⅱ. ①江… Ⅲ. ①聚氨酯—路面施工—技术标准—中国②改性树脂—环氧树脂—路面施工—技术标准—中国 Ⅳ. ①U416.218-65

中国版本图书馆 CIP 数据核字(2018)第 230305 号

标准类型：团体标准
标准名称：公路路面彩色聚氨酯及改性环氧树脂表面处治技术指南
标准编号：T/CHTS 10006—2018
主编单位：江苏中路工程技术研究院有限公司
责任编辑：郭红蕊　韩亚楠
责任校对：宿秀英
责任印制：张　凯
出版发行：人民交通出版社股份有限公司
地　　址：(100011)北京市朝阳区安定门外外馆斜街 3 号
网　　址：http://www.ccpress.com.cn
销售电话：(010)59757973
总 经 销：人民交通出版社股份有限公司发行部
经　　销：各地新华书店
印　　刷：北京市密东印刷有限公司
开　　本：880×1230　1/16
印　　张：1.5
字　　数：26 千
版　　次：2018 年 10 月　第 1 版
印　　次：2018 年 10 月　第 1 次印刷
书　　号：ISBN 978-7-114-15076-0
定　　价：220.00 元
(有印刷、装订质量问题的图书由本公司负责调换)

中国公路学会文件

公学字〔2018〕118号

中国公路学会关于发布《公路路面彩色聚氨酯及改性环氧树脂表面处治技术指南》的公告

现发布中国公路学会标准《公路路面彩色聚氨酯及改性环氧树脂表面处治技术指南》(T/CHTS 10006—2018),自2018年10月9日起实施。

《公路路面彩色聚氨酯及改性环氧树脂表面处治技术指南》(T/CHTS 10006—2018)的版权和解释权归中国公路学会所有,并委托主编单位江苏中路工程技术研究院有限公司负责日常解释和管理工作。

中国公路学会

2018年10月8日

前　言

本指南在广泛调研我国公路路面彩色聚氨酯及改性环氧树脂表面处治研究及工程应用基础上，经试验验证及工程实践，并参考有关国内外标准制定而成。

本指南按照《中国公路学会标准编写规则》(T/CHTS 10001)编制，共分为6章、1个附录，主要内容包括：材料、结构类型及色彩、施工、质量控制与验收等。

本指南实施过程中，请将发现的问题和对指南的意见、建议反馈至江苏中路工程技术研究院有限公司(地址：南京市浦口区浦滨路88号C座1403室；联系电话：025-86555197/15251742189；电子邮箱：likuan@sinoroad.com)，供修订时参考。

本指南由江苏中路工程技术研究院有限公司提出，受中国公路学会委托，由江苏中路工程技术研究院有限公司负责具体解释工作。

主编单位：江苏中路工程技术研究院有限公司

参编单位：江苏中亿通道路新材料有限公司、江苏省高速公路经营管理中心、江苏长路特铺工程技术有限公司、巴斯夫聚氨酯特种产品(中国)有限公司

主要起草人：张志祥、潘友强、陈李峰、任新天、张辉、张健、李款、沈震、李娣、关永胜、刘强、钱震宇、周扬春

主要审查人：李华、周海涛、付智、黄晓明、黄颂昌、冯德成、李舜范、曾赟、田波、刘庆仁

目　　次

公路路面彩色聚氨酯及改性环氧树脂表面处治技术指南

1 总则

1.0.1 为了提高我国公路路面彩色聚氨酯及改性环氧树脂表面处治技术水平,保证公路路面彩色聚氨酯及改性环氧树脂表面处治工程质量,特制定本指南。

1.0.2 本指南适用于公路路面彩色聚氨酯及改性环氧树脂表面处治工程。

1.0.3 公路路面彩色聚氨酯及改性环氧树脂表面处治除应符合本指南的技术要求外,尚应符合国家和行业现行有关标准的规定。

2 术语与符号

2.1 术语

2.1.1 彩色聚氨酯 color polyurethane

由聚氨酯和颜料或色浆拌和而成。

2.1.2 彩色改性环氧树脂 color modified epoxy resin

由改性环氧树脂和颜料或色浆拌和而成。

2.1.3 彩色聚氨酯表面处治 color polyurethane surface treatment

彩色聚氨酯与集料经拌和、摊铺或层铺形成的功能层，具有视觉诱导、景观协调、改善抗滑性能的作用。

2.1.4 彩色改性环氧树脂表面处治 color modified epoxy resin surface treatment

彩色改性环氧树脂与集料经拌和、摊铺或层铺形成的功能层，具有视觉诱导、景观协调、改善抗滑性能的作用。

2.1.5 彩色聚氨酯碎石型表面处治 color polyurethane gravel surface treatment

采用机械或人工分层撒布彩色聚氨酯和碎石形成的功能层。

2.1.6 彩色改性环氧树脂碎石型表面处治 color modified epoxy resin gravel surface treatment

采用机械或人工分层撒布彩色改性环氧树脂和碎石形成的功能层。

2.1.7 彩色聚氨酯砂浆型表面处治 color polyurethane mortar surface treatment

将彩色聚氨酯与细集料拌和，采用机械喷涂或人工刮涂形成的功能层。

2.1.8 彩色改性环氧树脂砂浆型表面处治 color modified epoxy resin mortar surface treatment

将彩色改性环氧树脂与细集料拌和，采用机械喷涂或人工刮涂形成的功能层。

2.1.9 色调 hue

又称色相，表示色彩的相貌特征，如红、黄、绿、蓝、紫等。

2.1.10 明度 value(lightness)

表示色彩所显示的明暗、深浅程度的视知觉特性值，以绝对白色和绝对黑色为基准给予分度。

2.1.11 彩度 chroma

又称纯度，用距离等无色彩点的视知觉特性来表示的色彩浓淡的程度，以给予分度。

2.1.12 色卡标样 standard sample of color chip

依据中国颜色体系标准值制作的色彩标准样片。

2.2 符号

H——色调；

V——明度；

C——彩度；

C_{max}——最大设计彩度；

C_{min}——最小设计彩度；

C_0——设计彩度；

HV/C_{max}——最大彩度设计色彩标号；

HV/C_{min}——最小彩度设计色彩标号；

HV/C_0——设计色彩标号；

K_0——设计色彩色卡标样；

K_{max}——最大彩度设计色彩色卡标样；

K_{min}——最小彩度设计色彩色卡标样；

K_{Lmin}——最小彩度临界色彩色卡标样；

K_{Lmax}——最大彩度临界色彩色卡标样。

3 材料

3.1 一般规定

3.1.1 材料应满足耐久、环保、安全等要求。

3.1.2 材料除应符合本指南的要求外，尚应符合现行《公路沥青路面施工技术规范》(JTG F40)的要求。

3.2 聚氨酯及改性环氧树脂

3.2.1 黏层用聚氨酯及改性环氧树脂的主要性能指标应符合表3.2.1的规定。

表3.2.1 黏层用聚氨酯及改性环氧树脂技术指标要求

检测项目		单位	技术要求	试验方法
可操作时间(23℃)		min	≥10	GB/T 7123.1
固化时间(23℃)		h	≤24	GB/T 5210
黏度(23℃)		Pa·s	≤1.0	GB/T 2794
拉伸强度(23℃)		MPa	≥10	GB/T 528
断裂延伸率(23℃)		%	≥20	GB/T 528
拉拔强度(23℃)	对沥青混凝土	MPa	≥1或沥青混凝土破坏	GB/T 5210
	对水泥混凝土	MPa	≥2或水泥混凝土破坏	GB/T 5210
	对钢板	MPa	≥8	GB/T 5210
吸水率(23℃)		%	≤3	GB/T 1034
邻苯二甲酸酯类化合物总和		g/kg	≤5	GB/T 29608
固含量		g/kg	≥90	GB/T 1725
灰分		g/kg	≤5	GB/T 9345.1
总挥发性有机物		g/kg	≤50	GB 30982
游离甲醛		g/kg	≤0.5	GB/T 22374
游离甲苯二异氰酸酯(TDI)		g/kg	不得检出	GB 30982
苯		g/kg	不得检出	GB 30982
甲苯+二甲苯		g/kg	不得检出	GB 30982
可溶性重金属	铅	mg/kg	≤30	GB/T 22374
	镉	mg/kg	≤10	GB/T 22374
	铬	mg/kg	≤10	GB/T 22374
	汞	mg/kg	≤2	GB/T 22374

3.2.2 面层用聚氨酯及改性环氧树脂的主要性能指标应符合表3.2.2的规定。

表3.2.2 面层用聚氨酯及改性环氧树脂技术指标要求

检测项目		单位	技术要求	试验方法
可操作时间(23℃)		min	≥10	GB/T 7123.1
固化时间(23℃)		h	≤24	GB/T 5210
黏度(23℃)		Pa•s	≥0.1	GB/T 2794
拉伸强度(23℃)		MPa	≥10	GB/T 528
断裂延伸率(23℃)		%	≥20	GB/T 528
拉拔强度(23℃)	对沥青混凝土	MPa	≥1或沥青混凝土破坏	GB/T 5210
	对水泥混凝土	MPa	≥2或水泥混凝土破坏	GB/T 5210
	对钢板	MPa	≥8	GB/T 5210
吸水率(23℃)		%	≤3	GB/T 1034
邻苯二甲酸酯类化合物总和		g/kg	≤5	GB/T 29608
固含量		g/kg	≥90	GB/T 1725
灰分		g/kg	≤5	GB/T 9345.1
低温抗裂性		—	3个循环后无裂纹	JT/T 712
耐候性(人工加速老化)		—	不产生龟裂、剥落,允许轻微粉化和变色	JT/T 712
总挥发性有机物		g/kg	≤50	GB 30982
游离甲醛		g/kg	≤0.5	GB/T 22374
游离甲苯二异氰酸酯(TDI)		g/kg	不得检出	GB 30982
苯		g/kg	不得检出	GB 30982
甲苯+二甲苯		g/kg	不得检出	GB 30982
可溶性重金属	铅	mg/kg	≤30	GB/T 22374
	镉	mg/kg	≤10	GB/T 22374
	铬	mg/kg	≤10	GB/T 22374
	汞	mg/kg	≤2	GB/T 22374

3.3 颜料与色浆

3.3.1 彩色聚氨酯及改性环氧树脂表面处治宜选用不易褪色、不分解、不溶于水,易于在树脂中分散,性能稳定的颜料,其主要性能指标应符合表3.3.1的规定。

表3.3.1 颜料技术指标要求

检测项目	单位	技术要求	试验方法
外观	—	均匀一致,无结块	目视法
筛余量(0.045mm筛孔)	%	≤0.1	GB/T 5211.18
水溶物含量	%	≤1.0	GB/T 5211.1

表 3.3.1(续)

检 测 项 目	单　　位	技 术 要 求	试 验 方 法
着色率	—	98～102	GB/T 5211.19
吸油量	%	≤22	GB/T 5211.15
耐光性	级	≥7	GB/T 1710

3.3.2　彩色聚氨酯及改性环氧树脂表面处治用色浆应符合表 3.3.2 的规定。

表 3.3.2　色浆技术指标要求

检 测 项 目		单　　位	技 术 要 求	试 验 方 法
外观		—	无硬块,呈均匀状态	GB/T 21473
旋转黏度(6r/min,12r/min)		Pa·s	≤10	GB/T 7193.1
细度		μm	≤25	GB/T 6753.1
相容性(目视比色法)		—	无浮色、发花	GB/T 21473
批次重现性(目视比色法)		—	近似	GB/T 21473
相对着色力		%	100±5	GB/T 21473
总挥发性有机物		g/L	≤450	GB/T 18581
可溶性重金属	铅	mg/kg	≤90	GB/T 18582
	镉	mg/kg	≤75	GB/T 18582
	铬	mg/kg	≤60	GB/T 18582
	汞	mg/kg	≤60	GB/T 18582
耐光性		级	≥7	GB/T 1710

3.4　彩色集料

3.4.1　彩色聚氨酯及改性环氧树脂表面处治用彩色集料可采用天然彩色石料或人造彩色集料,如彩色机制砂或彩色陶瓷颗粒等。

3.4.2　彩色集料应清洁、干燥、无风化、无杂质,且其颜色应与路面设计色彩接近。

3.4.3　彩色集料的规格要求应符合表 3.4.3 的规定。

表 3.4.3　彩色集料规格要求

规格(mm)	通过各筛孔的质量百分率(%)					
	公称粒径(mm)					
	9.5	4.75	2.36	1.18	0.6	0.3
3～5	100	90～100	0～15	—	0～3	—
2～3	100	100	0～90	0～5	0～3	—
1～2	100	100	90～100	10～70	0～10	—
0～1	100	100	100	90～100	0～100	0～100

3.4.4 彩色集料的技术指标应符合表3.4.4的规定。

表3.4.4 彩色集料技术指标要求

检测项目	单位	技术要求	试验方法
集料形状	—	接近球体或立方体	目测法
表观相对密度	—	≥2.30	JTG E42 T 0328
吸水率	%	≤3.0	JTG E42 T 0304
含水率	%	≤1.0	JTG E42 T 0332
莫氏硬度	—	≥6	划刻法

4 结构类型及色彩

4.1 一般规定

4.1.1 彩色聚氨酯及改性环氧树脂表面处治的结构类型应结合公路总体设计和功能需求，按照“以人为本、资源节约、环境友好”的原则进行选择。

4.1.2 彩色聚氨酯及改性环氧树脂表面处治的色彩选择应结合使用目的，并与周边建筑、环境、景观相协调。

4.2 结构类型

4.2.1 彩色聚氨酯及改性环氧树脂碎石型表面处治的厚度宜为 3～6mm；彩色聚氨酯及改性环氧树脂砂浆型表面处治的厚度宜为 2～4mm。

4.2.2 公路行车道路面或桥面宜选用彩色聚氨酯及改性环氧树脂碎石型表面处治，结构见图 4.2.2。

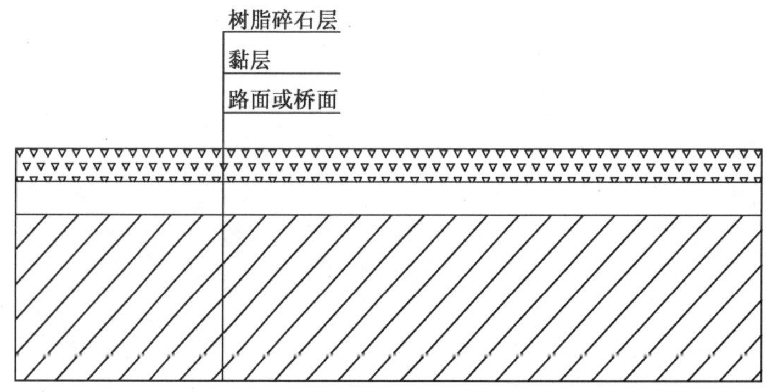

图 4.2.2 彩色聚氨酯及改性环氧树脂碎石型表面处治

4.2.3 人行道、非机动车道路面或桥面宜选用彩色聚氨酯及改性环氧树脂砂浆型表面处治，见图 4.2.3。

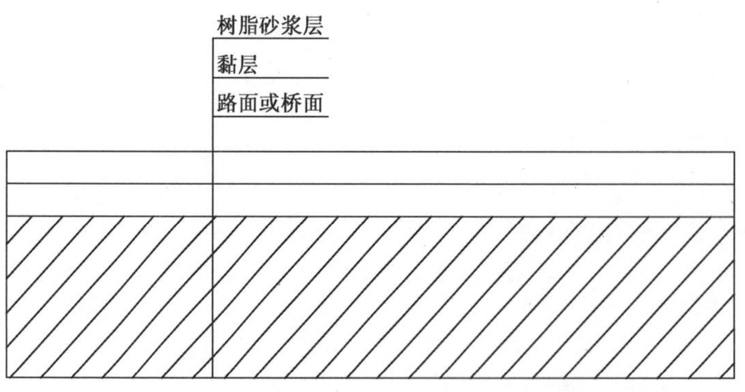

图 4.2.3 彩色聚氨酯及改性环氧树脂砂浆型表面处治

4.3 色彩选择

4.3.1 彩色聚氨酯及改性环氧树脂表面处治宜参照表 4.3.1 选择亚光类的红、黄、绿、蓝等色调，其色调符号应符合现行《中国颜色体系》(GB/T 15608)的有关规定。

表 4.3.1 色调选择

作用	色调			
	红 (10RP～10R)	黄 (10YR～10Y)	绿 (10GY～10G)	蓝 (10BG～10B)
警示	√	√		
提醒、提示			√	√

4.3.2 根据选定的色调，按照现行的《建筑颜色的表示方法》(GB/T 18922)，确定设计色彩色卡标样(K_0)、最大彩度设计色彩色卡标样(K_{max})和最小彩度设计色彩色卡标样(K_{min})。

4.4 性能要求

4.4.1 彩色聚氨酯及改性环氧树脂表面处治层应进行室内性能试验，其性能指标应符合表 4.4.1 的规定。

表 4.4.1 彩色聚氨酯及改性环氧树脂表面处治层性能指标要求

检测项目		单位	技术要求		试验方法
			碎石型	砂浆型	
拉拔强度(23℃)	对沥青混凝土	MPa	≥1 或沥青混凝土破坏		GB/T 5210
	对水泥混凝土	MPa	≥2 或水泥混凝土破坏		GB/T 5210
	对钢板	MPa	≥8		GB/T 5210
湿轮磨耗损失	浸水 1h	g/m^2	≤540 或符合设计要求		JTG E20 T 0752
	浸水 6d	g/m^2	≤800 或符合设计要求		JTG E20 T 0752
渗水系数		mL/min	≤10		JTG E60 T 0971
抗滑性能	构造深度	—	≥0.60	—	JTG E60 T 0964
	摆值	BPN	≥45	满足设计要求	JTG E60 T 0961

5 施工

5.1 一般规定

5.1.1 材料应存放于干燥、阴凉处，彩色聚氨酯及改性环氧树脂材料还应避免阳光直接照射，并有防火、防爆、防泄漏等措施。

5.1.2 不得在气温低于10℃以及大风、雨雪天、路面潮湿时施工。

5.1.3 彩色聚氨酯及改性环氧树脂表面处治应连续施工，并做好防污工作。

5.1.4 施工人员应做好劳动防护措施，确保施工安全。

5.2 施工准备

5.2.1 进场原材料质量应进行抽检，检查项目及频率应符合表5.2.1的规定。

表5.2.1 进场原材料质量检查要求

材料	检查项目	检查频率	要求值
聚氨酯及改性环氧树脂	可操作时间	每5t为一个检验批次（不足5t按一个批次）	符合表3.2.1或表3.2.2或设计要求
	固化时间		
	拉伸强度		
	断裂延伸率		
	拉拔强度		
颜料/色浆	外观	每批料1次	符合表3.3.1或表3.3.2或设计要求
彩色集料	规格	每15t为一个检验批次（不足15t按一个批次）	符合表3.4.3和表3.4.4或设计要求
	吸水率		
	含水率		
	莫氏硬度		

5.2.2 施工前应编制施工组织设计，并进行技术交底。

5.2.3 施工应配置满足要求的施工设备，并进行全面检查，调试到最佳工作状态。

5.2.4 施工前应铺筑不少于100m^{2}的试验段，以确定机械施工参数、施工工艺及材料最佳用量，并进行色彩确认。

5.2.5 表面处治层下的路面或桥面应符合下列要求：

1 沥青混凝土路(桥)面应进行表面清理，保证平整密实、干燥、清洁、无污，无明显轮迹、推移、松散、坑槽等缺陷。

2 水泥混凝土路(桥)面应进行抛丸处治，保证干燥、清洁、无污染、坚固密实不疏松、不起砂、无空鼓等缺陷。

3 钢桥面应进行喷砂除锈，达到光洁度 Sa2.5 级以上，保证干燥、清洁，无可见油渍、污物、铁锈等。

5.3 施工工艺及要求

5.3.1 现场准备应符合下列要求：

1 按照设计文件进行放样，并做好周边防护工作。

2 当表面处治下层为水泥混凝土路(桥)面时，应用胶带对胀缝、伸缩缝进行保护。

3 测量施工面积，确定施工各材料用量。

5.3.2 彩色聚氨酯及改性环氧树脂碎石型表面处治施工应符合下列要求：

1 按材料比例要求称取黏层用聚氨酯或改性环氧树脂各组分原料，拌和均匀，机械洒布或人工涂布于路面上，水泥路面、钢桥面洒布或涂布量为 0.5～0.8kg/m^2，沥青路面洒布或涂布量为 1.0～1.5kg/m^2。

2 按材料比例要求称取面层用聚氨酯或改性环氧树脂各组分原料，宜在工厂加工过程中加入色浆调配颜色，也可现场添加颜料或色浆，拌和均匀、一致。机械洒布或人工涂布于路面上，洒布或涂布量为 1.0～1.5kg/m^2。

3 当面层用彩色聚氨酯或改性环氧树脂洒布或涂布均匀后，宜立即采用机械满铺彩色集料，特殊段落可采用人工撒布。

4 待面层用彩色聚氨酯或改性环氧树脂完全固化后，将表面黏结不牢固的彩色集料清扫干净。

5.3.3 彩色聚氨酯及改性环氧树脂砂浆型表面处治施工应符合下列要求：

1 按材料比例要求称取黏层用聚氨酯或改性环氧树脂各组分原料，拌和均匀，机械喷涂或人工刮涂于路面上，水泥路面、钢桥面洒布或涂布量为 0.5～0.8kg/m^2，沥青路面洒布或涂布量为 1.0～1.5kg/m^2。

2 按材料比例要求称取面层用聚氨酯或改性环氧树脂各组分原料，加入 2～4 份彩色细集料，拌和均匀，将搅拌混合好的砂浆刮涂或喷涂于路面上，厚度为 2～4mm。彩色细集料的最佳添加量应结合施工现场条件(包括温度、坡度等)进行调整。

5.3.4 养生及开放交通应符合下列要求：

1 施工区域实行封闭管理，派专人在现场进行维护，避免行人、车辆进入施工区域。

2 当现场拉拔强度达到设计强度的 80%以上时，方可开放交通。

6 质量控制与验收

6.1 质量控制

6.1.1 施工过程中应随时对施工质量进行检查,检查项目及频率应符合表 6.1.1 的规定。

表 6.1.1 公路路面彩色聚氨酯及改性环氧树脂表面处治施工过程检验要求

检测项目	质量要求或允许偏差	检查频率	检测方法
外观	表面平整、密实,无松散、轮迹、划痕	随时	目测
颜色	颜色与设计色彩接近,无明显色差	随时	比色法
聚氨酯及改性环氧树脂用量	$\pm 0.1\mathrm{kg/m^2}$	1 次/$500\mathrm{m^2}$	单位面积称重法
碎石撒布量(碎石型)	均匀一致,满布率 95%以上	随时	目测
厚度(砂浆型)	满足设计要求	1 次/$500\mathrm{m^2}$	GB/T 13452.2

6.2 验收标准

6.2.1 彩色聚氨酯及改性环氧树脂表面处治完工后,应以每 $500\mathrm{m^2}$ 为一个评定单元(不足 $500\mathrm{m^2}$ 按一个评定单元)进行质量检查和验收。

6.2.2 彩色聚氨酯及改性环氧树脂表面处治的质量验收应符合表 6.2.2 的规定。

表 6.2.2 公路路面彩色聚氨酯及改性环氧树脂表面处治检查与验收标准

<table>
<tr><th colspan="2" rowspan="2">检测项目</th><th colspan="2">质量要求或允许偏差</th><th rowspan="2">检查频率</th><th rowspan="2">检测方法</th></tr>
<tr><th>碎石型</th><th>砂浆型</th></tr>
<tr><td rowspan="4">表观质量</td><td>外观</td><td colspan="2">表面平整、密实,无松散、轮迹、划痕,无明显色差</td><td>随时</td><td>目测</td></tr>
<tr><td>横向接缝</td><td colspan="2">对接,平顺</td><td>每条</td><td>目测</td></tr>
<tr><td>纵向接缝</td><td colspan="2">宽度<25mm,不平整<5mm</td><td>全线连续</td><td>目测或用尺量 3m 直尺</td></tr>
<tr><td>边线</td><td colspan="2">任意 30m 长度范围内的水平波动≤20mm</td><td>全线连续</td><td>目测或用尺量</td></tr>
<tr><td rowspan="3">抗滑性能</td><td>摆值</td><td>≥45BPN</td><td>满足设计要求</td><td>3 个点/$500\mathrm{m^2}$</td><td>JTG E60 T 0964</td></tr>
<tr><td>横向力系数(可选)</td><td>≥54</td><td>满足设计要求</td><td>全线连续</td><td>JTG E60 T 0965</td></tr>
<tr><td>构造深度</td><td>≥0.60mm</td><td>—</td><td>3 个点/$500\mathrm{m^2}$</td><td>JTG E60 T 0961</td></tr>
<tr><td rowspan="3">拉拔强度</td><td>对沥青混合料</td><td colspan="2">≥1MPa 或沥青混凝土破坏</td><td rowspan="3">3 个点/$500\mathrm{m^2}$</td><td>GB/T 5210</td></tr>
<tr><td>对水泥混凝土</td><td colspan="2">≥2MPa 或水泥混凝土破坏</td><td>GB/T 5210</td></tr>
<tr><td>对钢板</td><td colspan="2">≥8MPa</td><td>GB/T 5210</td></tr>
<tr><td colspan="2">渗水系数</td><td colspan="2">≤10mL/min</td><td>3 个点/$500\mathrm{m^2}$</td><td>JTG E60 T 0971</td></tr>
<tr><td colspan="2">厚度(代表值)</td><td>—</td><td>满足设计要求</td><td>3 个点/$500\mathrm{m^2}$</td><td>钻芯测量法</td></tr>
<tr><td colspan="2">色彩评分</td><td colspan="2">≥80 分</td><td>3 个点/$500\mathrm{m^2}$</td><td>见附录 A</td></tr>
<tr><td colspan="6">注:检查与验收中 3 个测点至少有 2 个满足要求。</td></tr>
</table>

附录 A 目测比色计分法

A.1 适应范围

A.1.1 本方法适用于公路路面彩色聚氨酯及改性环氧树脂表面处治的色彩评价。

A.2 步骤

A.2.1 根据设计色彩（HV/C_0）、最大彩度设计色彩（HV/C_{max}）、最小彩度设计色彩（HV/C_{min}），参照已建成工程确定合适的施工色彩与设计色彩的色差范围。

A.2.2 在颜料合理用量范围内变化颜料用量，去除色差不满足要求的试样，在色差满足要求的试件中根据实际彩度的大小，应选择彩度最小且小于最小设计彩度（C_{min}）的色彩为最小彩度临界色彩；选择彩度最大且大于最大设计彩度（C_{max}）的色彩为最大彩度临界色彩。

A.2.3 临界色彩色卡标样的选择应符合《建筑颜色的表示方法》(GB/T 18922)的有关规定，选择与最小彩度临界色彩和最大彩度临界色彩对应的色卡标样，分别记为最小彩度临界色彩色卡标样（K_{Lmin}）、最大彩度临界色彩色卡标样（K_{Lmax}）。

A.2.4 确定验收比对色卡标准图册，图册由 K_{Lmin}、K_{min}、K_0、K_{max}、K_{Lmax} 五个彩度从小到大的标准色卡组成。

A.2.5 按规定的频率，在完工路面确定鉴定位置，每个位置选取 0.5m×0.5m 进行质量鉴定。计分方法应按下列规定计算：

1 如果选取位置的色彩与 K_0 一致，本点质量评定得分为 100 分。

2 如果选取位置的色彩介于 K_{min}～K_0 或 K_0～K_{max}，本点质量评定得分为 90 分。

3 如果选取位置的色彩与 K_{min} 或 K_{max} 一致，本点质量评定得分为 80 分。

4 如果选取位置的色彩介于 K_{Lmin}～K_{min} 或 K_{max}～K_{Lmax}，本点质量评定得分为 70 分。

5 如果选取位置的色彩与 K_{Lmin} 或 K_{Lmax} 一致，本点质量评定得分为 60 分。

6 如果选取位置的色彩在 K_{Lmin} 或 K_{Lmax} 之外，本点质量评定得分为 30 分。

用 词 说 明

1　本指南执行严格程度的用词，采用下列写法：

1）　表示严格，在正常情况下均应这样做的用词，正面词采用“应”，反面词采用“不应”或“不得”。

2）　表示允许稍有选择，在条件许可时首先应这样做的用词，正面词采用“宜”，反面词采用“不宜”。

3）　表示有选择，在一定条件下可以这样做的用词，采用“可”。

2　引用标准的用语采用下列写法：

1）　在标准条文及其他规定中，当引用的标准为国家标准或行业标准时，应表述为“应符合《×××××》(×××)的有关规定”。

2）　当引用标准中的其他规定时，应表述为“应符合本指南第×章的有关规定”“应符合本指南第×.×节的有关规定”“应按本指南第×.×.×条的有关规定执行”。